TARIF

DES

DOUANES DES PAYS-BAS.

A PARIS,

DE L'IMPRIMERIE ROYALE.

1827.

TARIF

DES DOUANES DES PAYS-BAS.

A

Nota. Les droits indiqués dans ce tableau sont ceux perçus sur les marchandises importées ou exportées sous pavillon étranger et par terre. Les importations ou exportations effectuées par navires des Pays-Bas jouissent d'une remise de 1/10.° de ces droits, sauf les cas où lesdites importations ou exportations se trouvent spécialement favorisées au tarif.

Outre les droits généraux du présent tarif, il est perçu un droit dit *de syndicat*, lequel est de 13 p. o/o du montant de ces droits généraux, et appliqué sans distinction du mode de transport des marchandises.

Les marchandises imposées au poids et pour lesquelles il n'est point fixé de tares spéciales au tarif, jouissent de celles ci-après ;

en futailles... 15 liv. par 100 liv. poids brut.

en emballages de cuir, nattes, paniers, canasses, toiles et autres

semblables... 8 liv. *idem.*

Les importateurs qui ne trouveraient pas les taxes légales suffisantes, sont libres de payer les droits d'après le poids net des marchandises vérifié et constaté à leurs frais par les employés.

Il est accordé pour le coulage de toutes marchandises liquides autres que celles soumises à l'accise (1) les remises suivantes, savoir :

Huile de baleine, sans distinction de provenance...................... 12 p. o/o.

Lard de baleine,... 6 p. o/o.

Autres articles.
{ venant d'Angleterre ou d'Embden, Brême, Hambourg et autres lieux voisins connus sous le nom de *Kleineoost*, ou bien de France par les rivières.. 6 p. o/o.

venant de France par mer, ou d'autres pays par le Rhin et le Waal.. 12 p. o/o.

venant de tous autres lieux plus éloignés............................. 14 p. o/o.

Les importateurs qui trouveraient insuffisante la déduction accordée pour le coulage, ont la faculté d'acquitter les droits sur la quantité réellement existante, vérifiée et constatée à leurs frais par les employés.

Les marchandises d'origine indigène qui seraient réimportées dans les Pays-Bas, sont traitées comme les marchandises étrangères, à moins que leur réimportation en franchise ne soit spécialement autorisée.

MARCHANDISES.	UNITÉS TAXÉES.	DROITS		
		D'ENTRÉE.	DE SORTIE.	DE TRANSIT.
		florins. cents.	florins. cents.	florins. cents.
beilles en ruche..........	La ruche.....	0. 05.	0. 05.	0. 05.
cides..... { muriatique.. { nitrique ... } d'origine française ou importés de France.........	'		Prohibés.	
{ vitriolique.. } d'ailleurs.........	La valeur.....	3 p. o/o.	1 p. o/o.	1 p. o/o.
cier..... { en feuilles, planches ou barres.........	Les 100 liv...	0. 40.	0. 20.	0. 40.
{ ouvré.........	La valeur.....	6 p. o/o.	1/2 p. o/o.	1 p. o/o.
garic.........	Les 100 liv....	1. 10.	0. 50.	1. 00.

(1) Les marchandises soumises à l'accise sont : les boissons distillées, la saumure, le sel, le sucre et les vins. (*Voir*, pour la quotité du droit, chacun de ces articles au tarif.)

MARCHANDISES.	UNITÉS TAXÉES.	DROITS D'ENTRÉE. (flor. c.)	DE SORTIE. (flor. c.)	DE TRANSIT. (flor. c.)
Agates. (*Voyez* Pierres gemmes ou pierres précieuses.)				
Aiguilles	La valeur.	6 p. o/o.	1/2 p. o/o.	1 p. o/o.
Aloès	Les 100 livres.	1. 00.	0. 50.	1. 00.
Alun	Idem	1. 00.	0. 15.	1. 00.
Amandes { cassées	Idem	1. 50.	0. 50.	1. 50.
Amandes { en coque	Idem	1. 00.	0. 25.	1. 00.
Ambre { gris	La valeur.	1 p. o/o.	1/2 p. o/o.	1 p. o/o.
Ambre { jaune	Les 100 livres.	4. 00.	2. 00.	4. 00.
Amidon	Idem	10. 00.	0. 15.	1. 00.
Anes	Par tête.	2. 00.	1. 00.	2. 00.
Anis { étoilé	Les 100 liv.	1. 00.	0. 50.	1. 00.
Anis { vert. (*Voyez* Graines.)				
Antimoine	Idem	0. 60.	0. 30.	0. 60.
Argent. (*Voyez* Or.)				
Armes et munitions de guerre. { Canons { de fer	Idem	2. 00.	0. 10.	0. 60.
Armes et munitions de guerre. { Canons { de fonte	Idem	9. 00.	1. 00.	1. 50.
Armes et munitions de guerre. { Boulets	Idem	2. 00.	0. 10.	1. 60.
Armes et munitions de guerre. { Balles de plomb de calibre	Idem	2. 00.	0. 10.	1. 00.
Armes et munitions de guerre. { de toute sorte à feu et blanches, y compris les casques et les cuirasses.	La valeur.	6 p. o/o.	1/2 p. o/o.	1 p. o/o.
Arsenic	Les 100 liv.	0. 75.	0. 40.	0. 75.
Assa fœtida. (*Voyez* Gomme.)				
Avelanèdes	Idem	0. 20.	0. 10.	0. 20.
Baies { de genièvre.	Idem	0. 50.	0. 20.	4. 00.
Baies { jaunes.	Idem	1. 50.	0. 75.	1. 50.
Baies { de laurier.	Idem	0. 50.	0. 30.	0. 50.
Benjoin	Idem	3. 00.	1. 50.	3. 00.
Bestiaux { Agneaux.	Par tête.	0. 30.	0. 05.	0. 05.
Bestiaux { Cochons.	Idem	1. 50.	0. 05.	0. 50.
Bestiaux { Génisses.	Idem	10. 00.	0. 25.	0. 50.
Bestiaux { Moutons.	Idem	0. 60.	0. 10.	0. 10.
Bestiaux { Taureaux, bœufs et vaches	Idem	20. 00.	0. 50.	1. 50.
Bestiaux { Veaux { d'un an.	Idem	5. 00.	0. 20.	0. 40.
Bestiaux { Veaux { autres	Idem	2. 50.	0. 10	0. 20.
Beurre { rance.	La valeur.	4 p. o/o.	4 p. o/o.	4 p. o/o.
Beurre { autre.	Les 100 liv.	3. 00.	1. 50.	1. 50.
Bière { en barils.	Le baril.	6. 00.	0. 10.	1. 50.
Bière { en bouteilles de 116 ou plus au baril	Les 100 bout.	10. 50.	0. 10.	1. 50.
Bière { en cruches à eau de Selters	Les 100 cruch.	15. 00.	0. 15.	2. 25.
Bimbeloterie. (*Voyez* Mercerie.)				
Biscuit. (*Voyez* Pain.)				
Bleu { de Prusse.	Les 100 liv.	5. 00.	2. 50.	2. 50.
Bleu { de montagne, minéral et bleu dit *torrentjes blaauw*	Idem	2. 00.	0. 75.	1. 50.
Bois { communs, { de Norwége, de Russie, de la Baltique, en chargement complet (1). { à construire	Le tonneau.	0. 25.	//	//
Bois { communs, { d'ailleurs, en chargem.t incomplet, { à brûler (2)	La valeur.	6 p. o/o.	1 p. o/o.	1 p. o/o.
Bois { communs, { { Bouleau (Balais de)	Idem	1/2 p. o/o.	6 p. o/o.	1 p. o/o.
Bois { communs, { { pour caisse à sucre candi	Idem	1 p. o/o.	1 p. o/o.	1 p. o/o.

(1) Seront réputées complètes les cargaisons dont la moitié consistera en bois.

(2) Il est réservé au Roi d'augmenter les droits de sortie du bois à brûler, lorsque des circonstances particulières exigeront cette mesure dans quelque partie du royaume, et même de prohiber entièrement, suivant l'exigence des cas, la sortie de cet article.

MARCHANDISES.	UNITÉS TAXÉES.	DROITS D'ENTRÉE.	DROITS DE SORTIE.	DROITS DE TRANSIT.
		flor. c.	flor. c.	flor. c.
Bois (Suite). communs (Suite). d'ailleurs, en chargem.t incomplet. (Suite). — Cercles et cerceaux (1) : d'osier rouge, de 22 à 26 palmes 7 po. de long	La valeur	6 p. o/o.	Prohibés.	
de saule	Idem	Prohibée.	1/2 p. o/o.	Prohibée.
autres	Idem	6 p. o/o.	1/2 p. o/o.	1 p. o/o.
Feuillard préparé en tout ou partie en cerceaux, écholes, gaules, perches, &c. (2)	Idem	6 p. o/o.	Prohibés.	
Mâts et esparres	Idem	1 p. o/o.	1 p. o/o.	1 p. o/o.
Merrain ... à panneaux (y compris les pièces de rebut)	100 en nombre.	7. 50.	10. 00.	10. 00.
à futailles (y compris les pièces de rebut) longues	Idem	4. 00.	4. 50.	4. 50.
à futailles, autres	Idem	1. 00.	1. 25.	1. 25.
pour barils à harengs	"		Prohibée.	
autres	Idem	3 p. o/o.	1 p. o/o.	1 p. o/o.
Osier ... houssines, verges	Idem	6 p. o/o.	2 p. o/o.	1 p. o/o.
ouvré (Voyez Vannerie.)	"			
Rames	Idem	3 p. o/o.	1 p. o/o.	1 p. o/o.
Saule pour cerceaux	"		Prohibés.	
autres ... sciés entièrement ou autrement coupés, planches, poutres, madriers, solives (3)	Idem	6 p. o/o.	1/2 p. o/o.	1 p. o/o.
non sciés	Idem	2 1/2 p. o/o.	1 p. o/o.	1 p. o/o.
autres que communs. d'ébénisterie — Acajou				
Buis	La valeur	2 p. o/o.	2 p. o/o.	1 p. o/o.
Cèdre				
Noyer ... pour bois de fusils	Idem	Exempt.	2 p. o/o.	1 p. o/o.
Noyer, autre	Idem	2 p. o/o.	2 p. o/o.	1 p. o/o.
non dénommés	Idem	2 p. o/o.	2 p. o/o.	1 p. o/o.
de teinture. non moulus — Brésilet	Les 100 livres.	0. 10.	0. 10.	0. 10.
Caliatour	Idem	0. 20.	0. 20.	0. 20.
Calu. } C.Caliatour				
Campêche. }				
Fernambouc	Idem	2. 00.	1. 00.	1. 80.
Fustet. *Comme* Caliatour				
Giaac. *Comme* Brésilet				
Jaune. *Comme* Caliatour				
Saint-Martin	Le quintal.	0. 40.	0. 20.	0. 40.
Santal. *Comme* Caliatour				
Sapan. *Comme* Brésilet				
Stokfish. *Com.* Caliatour				
autre	Les 100 livres.	1. 00.	1. 50.	0. 30.
moulus	Idem	Prohibés.	0. 50.	Prohibés.
employés en médecine. — Cassie	Idem	0. 40.	0. 20.	0. 40.
Sassafras	Idem	0. 20.	0. 10.	0. 20.
ouvrés	La valeur	6 p. o/o.	1/2 p. o/o.	1 p. o/o.

(1) Il ne sera délivré de passeport pour l'exportation des cerceaux que sur la représentation et le dépôt d'un certificat à délivrer par deux tonneliers ou autres personnes compétentes, qui devront être spécialement nommés par le magistrat du lieu, et prêter serment entre ses mains. Ce certificat, outre l'indication du nombre de pièces ou de bottes, et des noms du navire et du patron qui doivent les exporter, contiendra la déclaration qu'ils ont fait, par eux-mêmes, l'inspection des cerceaux destinés à être chargés, et que, autant qu'ils ont pu s'en convaincre, il ne se trouve aucun cerceau d'osier rouge de 22 palmes à 26 palmes 7 pouces de long, tels qu'on les emploie pour les barils à harengs. Il sera payé par celui qui opère le chargement, pour frais de l'inspection et du certificat sus-mentionnés, outre la somme de soixante cents, en une fois, cinq cents en sus par nombre de quarante bottes ou millier de cerceaux; et si l'on effectue le chargement, pour l'exportation directe, dans un lieu où il n'existe pas de bureau de droits d'entrée et de sortie, le patron du navire, arrivé au bureau où doit être ensuite délivré le passeport d'exportation moyennant le paiement des droits, devra y remettre, en même temps que lesdits certificats, une déclaration constatant qu'il n'a chargé aucun cerceau ailleurs que dans l'endroit où les certificats ont été délivrés, ni d'autres cerceaux que ceux qu'il croit de bonne foi être énoncés dans les certificats : le tout sous peine de confiscation des cerceaux qui auront été autrement embarqués pour l'exportation, ou qui seront trouvés, au moment du chargement ou après, être des cerceaux prohibés ou autres que ceux pour lesquels il a été délivré des certificats, sans préjudice des autres peines prononcées par la loi sur le recouvrement des droits d'entrée et de sortie et des accises contre l'exportation en fraude de marchandises prohibées.

(2) Il est réservé au Roi de permettre la libre sortie du bois feuillard ar des bureaux de la frontière de terre spécialement désignés. Le Roi, usant de cette faculté, a ouvert à cette exportation en franchise les bureaux d'Epain, Bleharies, Rume et Hertain.

(3) Cet article comprend aussi, pour ce qui concerne les droits d'entrée, les planches dont se composent ordinairement les planchers et les maisonnettes des trains de bois qui descendent les rivières.

MARCHANDISES.	UNITÉS TAXÉES.	DROITS D'ENTRÉE.	DE SORTIE.	DE TRANSIT.
		flor. c.	flor. c.	flor. c.
Boissons distillées (1). — de grains... — d'origine française ou importées de France........	"	Prohibées.		
de grains... d'ailleurs... en barils....	Le baril....	2. 00.	0. 20.	2. 00.
en bouteilles de 116 ou plus au baril...	Les 100 bout..	5. 00.	0. 20.	5. 00.
autres, y compris le rhum, en barils....	Le baril....	1. 00.	0. 20.	0. 20.
le rack et les liqueurs.... en bouteilles de 116 ou plus au baril...	Les 100 b....	4. 00.	0. 20.	0. 20.
Bol d'arménie........	La valeur....	1 p. o/o.	1/2 p.o/o.	1 p. o/o.
Bonneterie. — Mitaines d'Islande, d'Écosse, de Kloppenburg et de Danemarck..	Idem........	3 p. o/o.	1/2 p. o/o.	1 p. o/o.
Bonnets, mitaines, gants, chaussons, jupes, camisoles, et autres vêtemens de coton, de laine ou de fil, tricotés soit à la main, soit au métier — d'origine française ou importés de France....	Idem........	20 p. o/o.	1/2 p. o/o.	1 p. o/o.
d'ailleurs....	Idem........	10 p. o/o.	1/2 p. o/o.	1 p. o/o.
Borax. — brut, tinkal et borax à moitié raffiné, ou borax des Indes-Orientales..	Les 100 livres..	1. 00.	3. 00.	1. 00.
raffiné....	Idem........	6. 00.	0. 20.	2. 00.
Bougies....	Idem........	40. 00.	0. 30.	2. 40.
Bouteilles de verre....	100 en nombre.	3. 00.	0. 05.	0. 25.
Boutons de corne et os, de bois, de soie, de métal, d'étain, de composition, &c..	La valeur....	6 p. o/o.	1/2 p. o/o.	1 p. o/o.
Brai sec....	Les 100 livres..	0. 40.	0. 10.	0. 40.
Bronze (*Voyez* Cuivre.)				
Brosserie....	La valeur....	6 p. o/o.	1/2 p. o/o.	1 p. o/o.
Brun rouge....	Les 100 livres..	0. 40.	0. 20.	0. 40.
Câbles. (*Voyez* Cordages).				
Cacao. — (Fèves de)....	Idem........	1. 50.	0. 30.	0. 30.
(Pellicules de)....	Idem........	0. 30.	1. 15.	0. 30.
Cachou....	La valeur....	1 p. o/o.	1/2 p. o/o.	1 p. o/o.
Café....	Les 100 livres.	2. 00.	0. 05.	0. 10.
Calamine....	Idem........	0. 50.	0. 20.	0. 05.
Camphre. — brut....	Idem........	2. 00.	3. 00.	2. 00.
raffiné....	Idem........	3. 00.	1. 00.	3. 00.
Cannelle. — de Ceylan....	La livre....	0. 20.	0. 01.	0. 2 1/2.
de la Chine....	Les 100 livres.	4. 00.	1. 00.	1. 80.
Cannes de jonc....	La valeur....	3 p. o/o.	1 p. o/o.	1 p. o/o.
Canons. (*Voyez* Armes.)				
Cantharides....	Les 100 livres.	7. 00.	3. 50.	3. 50.
Câpres. — confites au sel....	Le baril....	1. 00.	0. 50.	0. 50.
autres....	La valeur....	3 p. o/o.	1/2 p. o/o.	1 p. o/o.
Caractères d'imprimerie....	Idem........	1. 00.	0. 20.	2. 00.
Carcasses pour ouvrages de modes....	La valeur....	6 p. o/o.	1/2 p. o/o.	1 p. o/o.
Cardamome....	Les 100 livres.	5. 00.	2. 50.	2. 00.
Cardes de fil d'archal....	La valeur....	10 p. o/o.	1/2 p. o/o.	1/2 p. o/o.
Carmin....	Idem........	1 p. o/o.	1/2 p. o/o.	1 p. o/o.
Cartes géographiques et marines....	Idem........	1 p. o/o.	1/2 p. o/o.	1 p. o/o.
Cartes à jouer....	La gr. de 11 d.	6. 00.	0. 05.	3. 00.
Carthame [Safranum]....	Les 100 livres.	1. 50.	1. 50.	1. 50.
Carton. (*Voyez* Papier.)				
Cascarilla....	Idem........	0. 60.	0. 30.	0. 60.
Cassia fistula....	Idem........	0. 50.	0. 25.	0. 50.
Cassia lignea....	Idem........	4. 00.	1. 00.	1. 80.
Castoreum....	La livre....	0. 60.	0. 30.	0. 10.
Cauris....	La valeur....	3 p. o/o.	2 p. o/o.	1 p. o/o.
Caviar....	Le baril....	1. 00.	0. 80.	1. 00.

(1) Les boissons distillées autres que *Liqueurs* paient un droit d'accise de 16 florins par baril de 10 degrés à l'aréomètre dit des Pays-Bas, et à la chaleur de 55 degrés du thermomètre de Fahrenheit. L'accise sur les liqueurs est de 24 florins par baril, sans distinction du degré de force.

MARCHANDISES.	UNITÉS TAXÉES.	DROITS D'ENTRÉE. (flor. c.)	DE SORTIE. (flor. c.)	DE TRANSIT. (flor. c.)
Perlasse et potasse	Les 100 livres	0. 80.	0. 40.	0. 50.
Védasse	Idem	0. 50.	0. 30.	0. 30.
...dres — de savonneries et de salines	La valeur	1/2 p. o/o.	Prohibées.	
des foyers	Le ton. de mer	0. 10.	2. 50.	2. 50.
anglaise	Les 100 livres	3. 00.	1. 50.	1. 50.
...andelles de suif, et celles dites de composition	Idem	13. 50.	0. 20.	1. 50.
...nvre — brut	Idem	0. 65.	0. 65.	0. 50.
peigné	Idem	3. 00.	0. 50.	1. 00.
...apeaux de poil, de feutre, de laine, de paille, de toile cirée, de cuir vernissé, &c.	La valeur	10 p. o/o.	1/2 p. o/o.	1 p. o/o.
...arbons — de terre et houille (1)	Les 1000 livres	7. 00.	0. 10.	3. 00.
de bois (2)	La valeur	1/2 p. o/o.	6 p. o/o.	1 p. o/o.
...rdons-cardières	Idem	1/2 p. o/o.	1/2 p. o/o.	1/2 p. o/o.
...aux (3) — éteinte	Le tonneau de mer ou 10 rasières	3. 00.	0. 50.	3. 00.
vive	Idem	5. 00.	0. 10.	5. 00.
...evaux — Poulains (4)	Par tête	2. 00.	1. 00.	1. 00.
autres	Idem	6. 00.	3. 00.	2. 00.
...eveux — ouvragés par les perruquiers	La valeur	6 p. o/o.	1/2 p. o/o.	1 p. o/o.
autres	Idem	1 p. o/o.	6 p. o/o.	1 p. o/o.
...corée — (Racines de)	Les 100 livres	0. 05.	0. 05.	0. 05.
préparée ou moulue	Idem	1. 20.	0. 10.	0. 60.
...colat	Idem	12. 00.	1. 00.	2. 00.
...re — en barils	Le baril	7. 50.	0. 50.	1. 50.
en bouteilles de 116 ou plus au baril	Les 100 bout.	10. 50.	0. 50.	1. 50.
en cruches à eau de Selters	Les 100 cruch.	15. 00.	0. 75.	2. 25.
...e — brute	Les 100 livres	11. 00.	0. 80.	0. 50.
blanchie	Idem	6. 00.	1. 00.	2. 00.
...e à cacheter	La valeur	6 p. o/o.	1/2 p. o/o.	1 p. o/o.
...rons. (*Voyez* Fruits.)				
...balt	Les 100 livres	0. 50.	0. 30.	0. 50.
...chenille	La livre	0. 10.	0. 03.	0. 03.
...colcothar (*Caput mortuum.* — Vitriol rubifié. — Oxide de fer.)	Les 100 livres	0. 30.	0. 15.	0. 30.
...le-forte	Idem	4. 00.	0. 20.	1. 50.
...le de poisson	Idem	10. 00.	5. 00.	2. 00.
...oquinte	Idem	2. 00.	1. 00.	2. 00.
...quillages	La valeur	1 p. o/o.	1/4 p. o/o.	1/2 p. o/o.
...ail — brut	Idem	1 p. o/o.	1 p. o/o.	1 p. o/o.
ouvré — dit *blocd-koralen.* (*Voyez* Pierres gemmes.)				
autre	Idem	5 p. o/o.	1/2 p. o/o.	1 p. o/o.
...dages — Câbles et haubans, et toute autre espèce de cordages	Les 100 livres	10. 00.	0. 20.	1. 50.
vieux et usés, ne pouvant plus servir à la navigation, ainsi que ceux coupés en pièces ou réduits en filasse	Idem	0. 05.	Prohibés.	
...des de boyau pour instrumens de musique	La valeur	4 p. o/o.	1/2 p. o/o.	1 p. o/o.
...rne de cerf	Les 100 livres	0. 20.	0. 10.	0. 20.
...rnes ou bouts de corne — de bœuf, vache, mouton, chèvre	Idem	1 p. o/o.	3 p. o/o.	1 p. o/o.
de cerf, chevreuil, renne et autres semblables	Idem	1 p. o/o.	1 p. o/o.	1 p. o/o.

(1) Le transit des charbons de terre arrivant d'une partie d'un état voisin, et destinés pour un autre partie de ce même état, ne sera soumis qu'à un droit de 20 cent. les 100 livres.

(2) Il est réservé au Roi de prohiber la sortie des charbons de bois par des bureaux qui seront spécialement désignés.

(3) Il est réservé au Roi de permettre l'importation de la chaux, sans paiement de droits, lorsque cette mesure est jugée nécessaire dans quelque partie du royaume.

(4) Ne seront réputés poulains que ceux qui ont encore les dents de lait.

A 4

MARCHANDISES.	UNITÉS TAXÉES.	DROITS D'ENTRÉE.	DE SORTIE.	DE TRA[NSIT].
		flor. c.	flor. c.	flor.
Coton.... en laine....	Les 100 livres..	0. 80.	0. 65.	0.
filé. (*Voyez* Fil de coton.)				
Couperose. blanche....	Les 100 livres..	1. 00.	0. 50.	0.
bleue....	*Idem*	0. 60.	0. 30.	0.
verte....	*Idem*	0. 30.	0. 10.	0.
Coutellerie.	La valeur.	6 p. o/o.	1/2 p. o/o.	1 p.
Craie.... moulue....	Last. de 2,000 l.	1. 00.	0. 10.	1.
autre....	*Idem*	0. 20.	0. 20.	0.
Crayons de mine de plomb, de bois ou autres.	La valeur.	5 p. o/o.	1/2 p. o/o.	1 p.
Crême de tartre.	Les 100 livres..	1. 00.	0. 50.	1.
Crêpes. (*Voyez* Gazes.)				
Creusets. (*Voyez* Poterie de terre.)				
Crins. (*Voyez* Poil.)				
Cristal de roche.... brut.	La valeur.	1 p. o/o.	1/2 p. o/o.	1 p.
ouvré.	*Idem*	6 p. o/o.	1/2 p. o/o.	1 p.
Cuirs. (*Voyez* Peaux.)				
Cuivre.... battu, en barreaux ronds ou carrés, en fonds de chaudières et de bassins, ainsi que les planches pour doublage des navires.	Les 100 livres.	6. 00.	0. 40.	1.
Clous.	*Idem*	4. 00.	0. 40.	2.
en flan pour les monnaies.	La valeur.	Prohibé.	1/2 p. o/o.	Prohi[bé]
jaune, brut, fondu en plaques et planches coulées.	Les 100 livres.	4. 00.	1. 00.	1.
Mitraille et potain.	*Idem*	20.	4. 50.	1,
Monnaie.	″		Exempte.	
ouvré, bronzé, doré, soit proprement doré, soit vernissé, ou imitant l'or par suite d'une autre opération quelconque.	La valeur.	6 p. o/o.	1/2 p. o/o.	1 p.
rouge, brut, fondu en plaques de l'épaisseur de 3 lignes et au-dessus, ainsi que rosette, planches coulées et limaille, et cuivre noir brut en plaques.	Les 100 livres.	0. 60.	0. 60.	0.
Cumin.	Les 100 livres.	1. 00.	0. 30.	0.
Curcuma.. moulu.	*Idem*	1. 00.	0. 30.	1.
non moulu.	*Idem*	0. 10.	0. 30.	0.
Dattes.	*Idem*	0. 25.	0. 15.	0.
Dentelles de fil, de coton, d'or et d'argent, et de soie.	La valeur.	6 p. o/o.	Exemptes.	1 p.
Dents.... d'éléphant.	Les 100 livres.	5. 00.	2. 00.	[illegible]
de narval. de pêche nationale.	La valeur.	Exemptes	2 p. o/o.	1 p.
de pêche étrangère.	*Idem*	6 p. o/o.	2 p. o/o.	1 p.
Drilles et chiffons.... vieux papier de rebut. / vieux linge et vêtemens de toile usés, qui se vendent au poids, quand ils pèsent une livre ou plus. / Cordages vieux et usés ne pouvant plus servir à la navigation. / Cordages vieux, coupés en pièces ou réduits en filasse. / Filets vieux et usés.	Les 100 livres.	[illegible]	[illegible]	Prohibés.
Drogueries non dénommées.	La valeur.	1 p. o/o.	1/2 p. o/o.	1 p.
Duvet. (*Voyez* Plumes.)				
Eau-forte.. d'origine française ou importée de France.			Prohibée.	
d'ailleurs.	Les 100 livres.	5. 60.	0. 20.	0.
Écaille de tortue.... brute.	La valeur.	1 p. o/o.	1/2 p. o/o.	1 p.
ouvrée.	*Idem*	6 p. o/o.	1/2 p. o/o.	1 p.

MARCHANDISES.	UNITÉS TAXÉES.	DROITS D'ENTRÉE.	DE SORTIE.	DE TRANSIT.
		flor. c.	flor. c.	flor. c.
Écorces — de citron et d'orange, confites	La valeur	5 p. o/o.	1/2 p. 1/o.	1 p. o/o.
Écorces — de citron et d'orange, autres	Les 100 livres	0. 40.	0. 20.	0. 40.
Écorces — de melon, confites	Idem	3. 00.	1. 50.	2. 00.
Écorces — à tan, moulues	La valeur	6 p. o/o.	1/2 p. o/o.	2 p. o/o.
Écorces — à tan, non moulues (1)	Idem	1/2 p. o/o.	1 1/2 p. o/o.	1/2 p. o/o.
Engrais autres que Cendres de foyers		Exempts.	Prohibés.	
Épingles	Les 100 livres	30. 00.	0. 05.	3 00.
Éponges	La valeur	4 p. o/o.	1/2 p. o/o.	1 p. o/o.
Esprits. (*Voyez* Boissons distillées.)				
Étain — brut	Les 100 livres	1. 50.	0. 50.	1. 20.
Étain — ouvré	Idem	10. 00.	0. 35.	1. 80.
Étoupes de chanvre (2)	Idem	0. 10.	2. 00.	0. 10.
Euphorbe. (*Voyez* Gomme.)				
Fanons de baline — de pêche nationale	La valeur	Exempts.	2 p. o/o.	1 p. o/o.
Fanons de baline — de pêche étrangère	Idem	6 p. o/o.	2 p. o/o.	1 p. o/o.
Fanons de baline — coupés	Idem	6 p. o/o.	2 p. o/o.	1 p. o/o.
Farine de toute espèce, semoule, son	Les 100 livres	12. 00.	Exempte.	9. 00.
Faïence de toute sorte — française, ou importée de France	Idem	20. 00.	0. 30.	0. 60.
Faïence de toute sorte — d'ailleurs	Idem	6. 00.	0. 30.	0. 60.
Fer — Minerai	La valeur	1/2 p. o/o.	Prohibé.	
Fer — Fonte	Les 100 livres	0. 25.	1. 00.	0. 20.
Fer — en barres	Idem	4. 25.	0. 05.	0. 20.
Fer — ouvré (3) — coulé, en plaques de cheminée, poêles, poids, vases, enclumes	Idem	6. 30.	0. 10.	0. 20.
Fer — ouvré (3) — coulé, battu, et ancres	Idem	3. 25.	0. 10.	0. 20.
Fer — ouvré (3) — Cercles et bandes	Idem	10. 35.	0. 10.	0. 60.
Fer — ouvré (3) — Chaudières de salines et autres, tôle	Idem	10. 35.	0. 10.	0. 60.
Fer — ouvré (3) — Clous	Idem	6. 30.	0. 10.	0. 60.
Fer — vieux ou ferraille	La valeur	Prohibé.	3 p. o/o.	Prohibé.
Fer blanc — ouvré, verni, peint ou non	Idem	6 p. o/o.	1/2 p. o/o.	1 p. o/o.
Fer blanc — autre	Les 100 livres	6. 30.	0. 20.	1. 60.
Figues	Idem	1. 00.	0. 30.	0. 50.
Fil — de chanvre et de lin — écru, à dentelle	La valeur	Exempt.	5 p. o/o.	//
Fil — de chanvre et de lin — écru, autre	Idem	1/2 p. 1/o.	3 p. o/o	1 p. o/o.
Fil — de chanvre et de lin — blanc et tors	Idem	5 p. o/o.	5 p. o/o.	1 p. o/o
Fil — de chanvre et de lin — de carret et dit *shufgaren*	Les 100 livres	5. 00.	0. 50.	1. 20.
Fil — de chanvre et de lin — à coudre	La valeur	6 p. o/o.	1/2 p. o/o.	1 p. o/o.
Fil — de chanvre et de lin — pour filets à harengs	Idem	1/2 p. o/o.	Prohibé.	
Fil — de chanvre et de lin — à tisser	Idem	1 p. o/1.	1 p. o/o.	1 p. o/o.
Fil — de chanvre et de lin — à voiles	Les 100 livres	2. 00.	0. 50.	1. 50.
Fil — de chanvre et de lin — autre non dénommé	La valeur	6 p. o/o.	1/2 p. o/o.	1 p. o/o.
Fil — de coton — non tors et non teint	Les 100 livres	40. 00.	1. 00.	2. 00.
Fil — de coton — tors ou teint	Idem	50. 00.	0. 50.	2. 50.

(1). La sortie des écorces à tan moyennant les droits ci-dessus n'est permise que par les frontières maritimes; elle peut avoir lieu par les bureaux suivans, sous le paiement d'un droit de 20 p. o/o de la valeur : Bocholtz, Jalhay, Petithier, Weiswampach, Bouillon, Sugny, Aubange, Behault, Gouvin, Wervicq, Lokeren, Rœsbrugge, Pontrouge, Abeelen.

(2). Il est réservé au Roi d'en défendre la sortie par les frontière de terre, par des bureaux qui seront spécialement désignés.

(3). Le gouvernement se réserve de permettre, dans des cas spéciaux, l'introduction sous des droits moindres, des plaques de fer laminé des dimensions requises pour la fabrication des chaudières à vapeur, s'il ne s'en fait pas de cette dimension dans le pays, et s'il est prouvé qu'on s'en sert à cet usage.

MARCHANDISES	UNITÉS TAXÉES.	DROITS D'ENTRÉE.	DE SORTIE.	DE TRANSIT.
		flor. c.	flor. c.	flor. c.
Fil (*Suite*). de laine... écru... non teint	Les 100 livres.	6. 00.	1. 00.	1. 75.
filé dans le royaume, teint ou non...	"		Exempt (1).	
simple, teint	Idem	8. 00.	0. 50.	2. 00.
tors, teint ou non				
de poil de chèvre d'Angora. écru	Idem	2. 00.	4. 00.	2. 00.
teint	Idem	12. 00.	2. 00.	2. 50.
métallique. d'acier	Idem	0. 50.	0. 20.	0. 50.
de cuivre	Idem	4. 00.	0. 40.	2. 00.
de fer	Idem	3. 25.	0. 10.	0. 60.
d'or et d'argent	La valeur	5. p. o/o.	1/2 p. o/o.	1 p. o/o.
Filets. et autres ustensils pour toute espèce de pêche	Idem	1 p. o/o.	2 p. o/o.	1 p. o/o.
vieux et usés	Les 100 livres.	0. 05.	Prohibés.	
Fleurs artificielles. (*Voyez* Modes.)				
Foin	Les 1,000 liv.	0. 25.	0. 20.	0. 20.
Fromages. indigènes. gras	Les 100 livres.	"	0. 50.	"
de Limbourg	Idem	"	0. 50.	"
à cumin	Idem	"	0. 25.	"
de Frise, dit *kanter-kaas*	Idem	"	0. 15.	"
étrangers de toute espèce	Idem	5. 00.	0. 50.	1. 50.
Fruits. verts et secs de toute espèce ; autres que ceux dénommés	La valeur	3 p. o/o.	1/2 p. o/o.	1 p. o/o.
confits. à l'eau-de-vie ou au sucre	Idem	3 p. o/o.	1/2 p. o/o.	1 p. o/o.
au sel	Le baril	1. 00.	0. 50.	0. 50.
Futailles (2). neuves et vides de toute espèce	La valeur	Prohibées.	1/2 p. o/o.	Prohibées.
vieilles	Idem	3 p. o/o.	2 p. o/o.	2 p. o/o.
Barils à harengs vides	"		Prohibés.	
Galbanum (*Voyez* Gommes.)				
Galle (Noix de)	Les 100 livres.	2. 00.	1. 00.	1. 50.
Gants. de cuir. (*Voyez* Cuirs ouvrés.)				
de soie. (*Voyez* Soie.)				
autres. (*Voyez* Bas.)				
Garance. Alizari proprement dit	Les 100 livres.	1. 50.	0. 40.	1. 00.
Racines. vertes ou séchées et broyées ailleurs que dans les fours à garance	La valeur	1/2 p. o/o.	Prohibées.	
séchées et broyées dans les fours à garance, et renfermées dans des colis portant la marque de ces fours.	Les 100 livres.	"	3. 00.	"
Poudre	Idem	6. 00.	1. 00.	2. 00.
commune	Idem	3. 00.	0. 50.	1. 00.
Mule	Idem	1. 50.	0. 25.	0. 50.
Gaude	Idem	0. 50.	0. 25.	0. 50.
Gazes, marli et crêpe de toute espèce et de toute couleur	La livre	4. 00.	0. 35.	0. 70.
Gingembre. sec	Idem	0. 60.	0. 40.	0. 60.
confit	Idem	6. 00.	2. 00.	2. 00.
Girofle (Clous et antofles de) de Batavia, importés directement	La valeur	Exempts (4).	1/2 p. o/o.	"
d'ailleurs	Idem	3 p. o/o.	1 1/2 p. o/o.	1 p. o/o.

(1) Avec permission spéciale, et sous les précautions nécessaires.
(2) Les futailles propres à être portées à dos d'hommes, et d'une contenance moindre de 35 litrons, sont prohibées à la sortie par la frontière de terre, à moins qu'elles ne soient neuves et n'aient jamais contenu aucun liquide fermenté ou distillé.
(3) L'exportation n'est permise que de l'entrepôt.
(4) L'on ne jouira de cette franchise de droits que lorsque les girofles seront importés dans des barils ou des caisses pesant au moins 62 livres *net*, et qu'ils seront accompagnés d'un certificat de sortie, à délivrer par la direction principale des finances à Batavia.

MARCHANDISES.	UNITÉS TAXÉES.	DROITS D'ENTRÉE. flor. c.	DE SORTIE. flor. c.	DE TRANSIT. flor. c.
Gommes arabique.	Les 100 livres.	1. 20.	0. 60.	1. 00.
ammoniaque.				
Assa-fœtida.	Idem.	3. 00.	1. 50.	2. 00.
Copal.				
Euphorbe.	Idem.	0. 50.	0. 30.	0. 50.
Galbanum	Idem.	"	"	"
gutte.				
de gaïac.	Idem.	2. 00.	1. 00.	1. 50.
Laque, en feuilles.	Idem.	1. 00.	0. 50.	1. 00.
Laque florentine. (*Comme Teinture non dénommée.*)				
Laque de Venise en boules [*kogellak*]	Idem.	2. 00.	0. 15.	1. 20.
Myrrhe.	Idem.	2. 00.	1. 00.	2. 00.
Olibanum.	Idem.	1. 00.	0. 50.	1. 00.
Sandaraque.	Idem.	1. 00.	0. 50.	1. 00.
du Sénégal. (*Comme arabique.*)				
Goudron.	Les 13 tonneaux ou 2,000 livres.	1. 00.	0. 60.	1. 00.
Graines d'alpiste [Canarie].	La rasière.	0. 20.	0. 10.	0. 20.
d'anis	Les 100 livres.	1. 00.	0. 30.	1. 00.
de chanvre.	Le last.	1. 50.	6. 00.	4. 00.
de colza	Idem.	2. 00.	5. 00.	4. 00.
de lin, pour semence, du 1.er août jusqu'au 1.er avril	Idem.	4. 80.	2. 40.	4. 80.
de lin, en tout autre temps.	Idem.	2. 00.	5. 00.	4. 00.
de jardin.	Les 100 livres.	2. 50.	0. 30.	1. 00.
de moutarde.	La rasière.	0. 15.	0. 10.	0. 15.
de navette. (*Comme Colza.*)				
d'oignon. (*Comme de jardin.*)				
de paradis. (*Comme Drogueries non dénommées.*)				
de rabette.	Le last.	1. 00.	6. 00.	6. 00.
de trèfle.	Idem.	1. 00.	6. 00.	3. 00.
de vesce. (*Comme Rabette.*)				
Grains Avoine (1)	Idem.	7. 00.	0. 10.	1. 00.
Drèche (1).	Idem.	6. 00.	0. 50.	4. 10.
Épeautre mondé (1).	Idem.	7. 00.	0. 10.	"
Épeautre non mondé (1).	Idem.	15. 00.	0. 15.	"
Fèves et vesces.	Idem.	6. 00.	0. 20.	2. 40.
Froment (1).	Les 1,000 livres	11. 25.	0. 10.	1. 30.
Orge.	Le last.	12. 00.	0. 10.	2. 50.
Pois.	Idem.	7. 00.	0. 20.	2. 40.
Sarrasin	Idem.	9. 00.	0. 20.	1. 00.
Seigle (1).	Les 1,000 livres	7. 50.	0. 07.	0. 80.
Graisse de baleine, de pêche nationale	Le baril.	Exempte.	0. 50.	0. 50.
de baleine, de pêche étrangère	Idem.	1. 00.	0. 50.	0. 50.
autre.	Les 100 livres	0. 80.	0. 30.	0. 60.
Graphite ou plombagine.	Idem.	0. 60.	0. 10.	0. 60.
Gravures.	La valeur.	1 p.r o/o.	1/2 p. o/o.	1. 50.
Grenats. (*Comme Pierres gemmes.*)				
Gruaux de toute sorte de grains.	Les 100 livres.	2. 50.	0. 50.	1. 50.
Habillemens neufs, à l'usage d'hommes et de femmes.	La valeur.	10 p. o/o.	1/2 p. o/o.	1 p. o/o.
Horloges et pendules.	Idem.	6 o/o	1/2 p. o/o.	1 p. o/o.
Houblon.	Les 100 livres.	0. 60.	0. 30.	0. 30.

(1) Il est réservé au Roi de réduire les droits d'entrée sur l'avoine, la drèche, le seigle, l'épeautre mondé ou non et le froment, à mesure que les circonstances qui ont donné lieu à l'augmentation subiront des changemens.

MARCHANDISES.	UNITÉS TAXÉES.	D'ENTRÉE. (flor. c.)	DE SORTIE. (flor. c.)	DE TRANSIT. (flor.)
Huile — comestible { d'olives.	Le baril	1. 00.	0. 50.	0.
comestible { d'oliette, de faines, de pavôt et autres de même espèce	Idem	0. 80.	0. 40.	0.
d'épiceries.	La valeur	3 p. o/o.	1/2 p. o/o.	1 p.
de graines.	Le baril	5. 80.	0. 05.	0.
de poisson { de pêche nationale, *y compris la pêche du détroit de Davis.*	Idem	0. 25.	0. 10.	0.
de poisson { de pêche étrangère.	Idem	1. 00.	0. 25.	1.
de térébenthine.	Les 100 livres	1. 00.	0. 20.	1.
de vitriol.	Idem	1. 20.	0. 05.	0.
Hydromel { en barils.	Le baril	5. 00.	0. 50.	0.
en bouteilles de 116 ou plus au baril.	Les 100 bout.	8. 00.	0. 50.	0.
Indigo.	La livre	0. 04.	0. 02.	0. 2
Instrumens { de mathématiques, de physique, de chirurgie, d'optique.	La valeur	3 p. o/o.	1/2 p. o/o.	1 p.
de musique.	Idem	5 p. o/o.	1/2 p. o/o.	1 p.
Ipécacuanha.	Les 100 livres	10. 00.	5. 00.	5.
Ivoire { brut. (*Voyez* Dents d'éléphant.)				
Ivoire { ouvré. (*Voyez* Mercerie.)				
Jalap.	Idem	4. 00.	2. 00.	2.
Jambons. (*Voyez* Viandes.)				
Jus de citrons et de limons { en barils.	Le baril	7. 50.	0. 50.	1.
en bouteilles de 116 ou plus au baril.	Les 100 bout.	10. 50.	0. 50.	1.
en cruches à eau de Selters.	Les 100 cruch.	15. 00.	0. 75.	2.
Kermès minéral. (*Voyez* Produits chimiques.)				
Labdanum. (*Voyez* Drogues.)				
Laine de toute espèce, sans distinction d'origine (1).	La valeur	Exemptes.	1 p. o/o (1)	1 p.
Laiton. (*Voyez* Cuivre.)				
Langues de bœuf. (*Voyez* Viandes.)				
Lard { salé en tonneaux.	Les 100 livres	8. 00.	0. 30.	1.
Lard { en flèches, *avec épaules et cuisses.*	Idem	6. 00.	0. 30.	1.
Légumes verts et secs, autres que ceux dénommés.			Exempts.	
Levure.	La valeur	3 p. o/o.	1 p. o/o.	1 p.
Liége { brut.	Idem	1 p. o/o.	1/2 p. o/o.	1 p.
Liége { Bouchons de).	Idem	10 p. o/o.	1/2 p. o/o.	1 p.
Limous, (*Voyez* Fruits non dénommés.)				
Lin { brut, y compris le déchet, dit *snuit* (2).	Les 100 livres	0. 25.	1. 00.	0.
Lin { peigné.	Idem	5. 00.	0. 25.	1.
Litharge d'or et d'argent.	Idem	0. 40.	0. 20.	0.
Livres { brochés ou en feuilles.	Idem	15. 00.	5. 00.	10.
Livres { reliés ou cartonnés.	Idem	20. 00.	3. 00.	10.
Macaroni. (*Voyez* Farine.)				

(1) Il est réservé au Roi d'en défendre la sortie sur les frontières de terre, par des bureaux qui seront spécialement désignés.

(2) L'administration des droits d'entrée et de sortie et des accises veillera à ce qu'il ne se commette point de fraude relativement à la mise en roui du lin, dans la distance d'une lieue de la frontière ; elle aura la faculté de prendre, selon les circonstances, les précautions nécessaires, et pourra même exiger des acquits-à-caution pour l'intérieur, sous consignation ou caution valable pour le montant des droits, à l'effet de s'assurer que le lin retourne dans l'intérieur.

MARCHANDISES.	UNITÉS TAXÉES.	DROITS D'ENTRÉE.	DE SORTIE.	DE TRANSIT.
		flor. c.	flor. c.	flor. c.
Machines et mécaniques à l'usage des fabriques et manufactures (1)	La valeur	6 p. o/o.	1/2 p. o/o.	1 p. o/o.
Macis { de Batavia, importés directement	Idem	Exempt (2).	1/2 p. o/o.	"
Macis { d'ailleurs	Idem	3 p. o/o.	1/2 p. o/o.	1 p. o/o.
Magnésie	Les 100 livres.	2. oo.	1. oo.	2. oo.
Manganèse	Idem	0. 50.	0. 10.	0. 50.
Manne	Idem	1. oo.	0. 50.	1. oo.
Mastic	Idem	2. 50.	1. 20.	1. 75.
Mélasse { brute { importée directement des pays hors d'Europe et par navires nationaux	Idem	3. oo.	0. 50.	1. oo.
Mélasse { brute { importée d'ailleurs		"	Prohibée.	
Mélasse { épurée		"	Idem.	
Mercerie, y compris tous les articles non dénommés de papier, de bois, de fer, d'acier, de cuivre et d'autres métaux, d'ivoire, d'écaille de tortue, d'ambre jaune, les perles et pierres fausses, et toutes compositions de même espèce	La valeur	6 p. o/o.	1/2 p. o/o.	1 p. o/o.
Mercure	Les 100 livres.	1. 50.	3. oo.	1. 50.
Meubles	La valeur	6 p. o/o.	1/2 p. o/o.	1 p. o/o.
Miel	Les 100 livres.	1. oo.	0. 20.	1. oo.
Millet	Idem	0. 30.	0. 10.	0. 30.
Modes (Ouvrages de)	La valeur	10 p. o/o.	1/2 p. o/o.	1 p. o/o.
Montres { d'or	La pièce	1. oo.	0. 50.	0. 75.
Montres { d'argent	Idem	0. 50.	0. 25.	0. 50.
Montres { de similor, &c.	Idem	0. 30.	0. 20.	0. 30.
Mousse. (Voyez Drogues.)				
Mulets	Par tête	4. oo.	2. oo.	4. oo.
Musc	La livre	5. oo.	2. 50.	2. 50.
Musique gravée. (Voyez Livres.)				
Myrrhe. (Voyez Gomme.)				
Nacre de perle { brute	Idem	1 p. o/o.	1/2 p. o/o.	1 p. o/o.
Nacre de perle { ouvrée	Idem	5 p. o/o.	1/2 p. o/o.	1 p. o/o.
Nattes { de Russie	Idem	1 p. o/o.	1 p. o/o.	1 p. o/o.
Nattes { autres	Idem	3 p. o/o.	1 p. o/o.	1 p. o/o.
Noir { d'os	Les 100 livres.	0. 25.	0. 10.	0. 25.
Noir { d'Espagne	La valeur	1 p. o/o.	1 p. o/o.	1 p. o/o.
Noisettes. (Voyez Fruits non dénommés.)				
Noix { communes. (Voyez Fruits non dénommés.)				
Noix { Muscades { de Batavia importées directement	Idem	Exemptes (3)	1/2 p. o/o.	"
Noix { Muscades { d'ailleurs	Idem	3 p. o/o.	1/2 p. o/o.	1 p. o/o.
Ocre	Les 100 livres.	0. 10.	0. 05.	0. 10.
Œufs	La valeur	2 p. o/o.	1/2 p. o/o.	2 p. o/o.
Oignons de fleurs	Idem	1/2 p. o/o.	1/2 p. o/o.	1/2 p. o/o.
Olibanum. (Voyez Gomme.)				
Olives. (Voyez Fruits non dénommés.)				
Opium	La livre	0. 15.	0. 10.	0. 10.

(1) Il est réservé au Roi d'accorder la libre entrée des machines et mécaniques, lorsque l'intérêt de l'industrie nationale l'exige.

(2) On ne jouira de cette franchise de droits que lorsque le macis sera importé dans des barils ou des caisses pesant au moins 62 livres *net*, et accompagnés d'un certificat de sortie, à délivrer par la direction principale des finances à Batavia.

(3) On ne jouira de cette franchise de droit, que lorsque les noix seront importées dans des barils ou des caisses pesant au moins 62 livres *net*, et qu'elles seront accompagnées d'un certificat de sortie, à délivrer par la direction principale des finances à Batavia.

MARCHANDISES.	UNITÉS TAXÉES.	DROITS D'ENTRÉE.	DE SORTIE.	DE TRANSIT.
		flor. c.	flor. c.	flor.
Or — en barres, lingots et en masse	_u_		Exempt.	
Or — en feuilles, battu	La valeur	5 p. o/o.	1/2 p. o/o.	1 p.
Or — en monnaie	_u_		Exempt.	
Or — en poudre	_u_		Idem.	
Or — ouvré, non brisé	La valeur	6 p. o/o.	1/2 p. o/o.	1 p.
Or — ouvré, brisé	_u_		Exempt.	
Oranges. (_Voyez_ Fruits non dénommés.)				
Oreillons à fabriquer la colle-forte	La valeur	1/2 p. o/o.	Prohibés.	
Orseille	Les 100 livres	1. 00.	0. 40.	1.
Os — de bœufs, de vaches et d'autres animaux	La valeur	1/2 p. o/o.	Prohibés.	
Os — dont on a extrait la gélatine	Idem	1/2 p. o/o.	6 p. o/o.	1 p.
Paille	Idem	1 p. o/o.	Prohibée.	1 p.
Pain — de toute sorte de grains / d'épice (_Voyez_ Farine.)				
Papier — de carton, destiné à la fabrication des cartes à jouer, colorié et maculature.	Idem	3 p. o/o.	1/2 p. o/o.	1 p.
Papier — de tenture	Idem	10 p. o/o.	1/2 p. o/o.	1 p.
Papier — rayé pour musique	Idem	3 p. o/o.	1/2 p. o/o.	1 p.
Papier — de toute espèce, blanc, gris, bleu à l'usage des raffineries de sucre, ainsi que les registres en papier blanc et rayé	Idem	15 p. o/o.	1/2 p. o/o.	1 p.
Papier — portant les noms ou les marques caractéristiques des papeteries du royaume des Pays-Bas	_u_		Prohibé.	
Papier — vieux et rognures	Les 100 livres	0. 5.	Prohibés.	
Parapluies et parasols	La valeur	6 p. o/o.	1/2 p. o/o.	1 p.
Parchemin — neuf	Idem	6 p. o/o.	1/2 p. o/o.	1 p.
Parchemin — (Rognures de)	Idem	1/2 p. o/o.	Prohibées.	
Parfumeries	Idem	6 p. o/o.	1/2 p. o/o.	1 p.
Passementeries, (franges, cordons, galons, aiguillettes, lacets, &c.)	Idem	6 p. o/o.	1/2 p. o/o.	1 p.
Pastel	Les 100 livres	0. 25.	0. 25.	0.
Peaux — indigènes	La valeur	_u_	6 p. o/o.	
Peaux — brutes, d'agneau	Idem	1 p. o/o.	6 p. o/o.	1 p.
Peaux — brutes, de bouc. (_Comme d'agneau._)				
Peaux — brutes, de buffle	Idem	1 p. o/o.	1. 00.	1 p.
Peaux — brutes, de castor	Idem	1/2 p. o/o.	6 p. o/o.	1 p.
Peaux — brutes, de cerf / de chevreuil / de chèvre / de chien (_Comme d'agneau_).				
Peaux — brutes, de chien de mer	Idem	1 p. o/o.	1 p. o/o.	1 p.
Peaux — brutes, d'élan. (_Comme de buffle._)				
Peaux — brutes, de lapin / de lièvre (_Comme de castor._)				
Peaux — brutes, de mouton. (_Comme d'agneau._)				
Peaux — brutes, autres	Les 100 livres	15. 00.	0. 30.	1.
Peaux — autres, en vert et salées	La valeur	1 p. o/o.	6 p. o/o.	1 p.
Peaux — autres, sèches	Les 100 livres	1. 00.	1. 00.	
Peaux — apprêtées de toute sorte, avec ou sans poil { de castor / de chien de mer / de lapin / de lièvre / de mouton }	Idem	15. 00.	0. 30.	
Peaux — apprêtées, de roussi	La valeur	1 p. o/o.	1 p. o/o.	1 p.
Peaux — apprêtées, autres	Les 100 livres	15. 50.	0. 30.	
Peaux — ouvrées de toute sorte	La valeur	6 p. o/o.	1/2 p. o/o.	1 p.
Peaux — (Rognures de)	Idem	1/2 p. o/o.	Prohibées.	

MARCHANDISES.	UNITÉS TAXÉES.	DROITS D'ENTRÉE.	DE SORTIE.	DE TRANSIT.
		flor. c.	flor. c.	flor. c.
Pelleteries.. { non apprêtées	La valeur	1 p. o/o.	1 p. o/o.	1 p. o/o.
{ apprêtées	Idem	6 p. o/o.	1/2 p. o/o.	1 p. o/o.
Perlasse et potasse. (*Voyez* Cendres).				
Perles..... { fines. (*Voyez* Pierres gemmes.)				
{ fausses. (*Voyez* Mercerie.)				
Pierres.... à aiguiser	Idem	3 p. o/o.	1/2 p. o/o.	1 p. o/o.
Ardoises... { de France	Les 1,000 en nomb.	3. oo.	"	"
{ autres	Idem	1. oo.	o. 15.	o. 75.
dures, non cuites, telles que pierres tumulaires et seuils, marbre en bloc, pierres à carreler, &c.	La valeur	6 p. o/o.	1/2 p. o/o.	1 p. o/o.
d'émeril	Les 100 livres.	o. 15.	o. 10.	o. 15.
à feu et chiques	La valeur	3 p. o/o.	1/2 p. o/o.	1 p. o/o.
Marbre.... { poli ou sculpté	Idem	6 p. o/o.	1/2 p. o/o.	1 p. o/o.
{ en statues	"	Exempt.		
Marne ou pierres à chaux blanches ou bleues	La valeur	1/2 p. o/o.	Prohibé.	
Meules	Idem	1 p. o/o.	1/2 p. o/o.	1 p. o/o.
de tuf, ou à terras { non moulues	Les 100 livres.	o. 5.	o. 20.	o. 5.
{ moulues, broyées ou battues, dites pierres fines, terras, pierre de tuf ou à ciment	Idem	o. 80.	o. 5.	o. 10.
Pierres gemmes	"	Exemptes.		
Piment... { de la Jamaïque	Les 100 livres.	1. oo.	o. 50.	o. 60.
{ d'Espagne	Idem	o. 60.	o. 30.	o. 40.
Pipes de terre à fumer	Les 20 grosses.	Prohibées.	o. 5.	Prohibées.
Plants d'arbres	La valeur	2 p. o/o.	1 p. o/o.	1 p. o/o.
Plomb..... Balles de calibre. (*Voyez* Armes *et* Munitions de guerre.)				
Blanc de [Céruse]	Les 100 livres.	4. oo.	o. 10.	1. 20.
en saumons et vieux	Idem	1. 35.	o. 10.	o. 80.
Mine de (*Voyez* Graphite.)				
Minium	Idem	1. oo.	o. 10.	o. 80.
ouvré de toute sorte	Idem	2. 35.	o. 10.	1. 20.
Plumes.... à écrire... { brutes, apprêtées	Les 100 en nomb.	o. 5.	o. 5.	o. 5.
à lit	Les 100 livres.	2. oo.	1. oo.	2. oo.
de parure. (*Voyez* Modes.)				
autres non dénommées	Idem	2. oo.	1. oo.	2. oo.
Poils.... de bœuf, de vache et de bouc	La valeur	1 p. o/o.	6 p. o/o.	1 p. o/o.
de lièvre et de lapin	Les 100 livres.	8. oo.	48. oo.	2. oo.
autres	Idem	4. oo.	16. oo.	2. oo.
Poires. (*Voyez* Fruits.)				
Poissons... d'eau douce { Écrevisses	La valeur	6 p. o/o.	Exemptes.	1 p. o/o.
{ autres, y compris le saumon et les anchois, frais, salés, fumés ou séchés	Idem	6 p. o/o.	Exempts.	1 p. o/o.
de mer.... Harengs... { frais, caqués, salés, { de pêche nationale.	"	Exempts.		"
{ de pêche étrangère.	"	Prohibés.		
{ secs ou fumés	Le last de 10,000.	Prohibés.	o. 50.	Prohibés.
Huîtres étrangères	La valeur	1 p. o/o.	Exemptes.	1/2 p. o/o.
Sauret	Le last de 12,000.	7. 50.	1. 50.	3. oo.
Stockfish	Les 100 livres.	o. 15.	o. 5.	o. 15.
autres... { frais, caqués, salés, { de pêche nationale.	"	Exempts.		"
{ de pêche étrangère.	"	Prohibés.		
{ séchés ou fumés	"	Prohibés.	Exempts.	Prohibés.

MARCHANDISES.	UNITÉS TAXÉES.	DROITS D'ENTRÉE.		DE SORTIE.		DE TR...	
		flor.	c.	flor.	c.	fl...	
Poivre	Les 100 livres.	1.	50.	0.	05.	0.	
Poix	Les 13 barils ou 2,000 livres.	1.	80.	1.	20.	1.	
Pommes (*Voyez* Fruits non dénommés.)							
Pommes de terre	Le baril.	0.	05.	Exemptes.		0.	
Porcelaine blanche et peinte. — française ou importée de France	Les 100 livres.	30.	00.	0.	50.	0.	
— autre	Idem	10.	00.	0.	50.	0.	
Potasse. (*Voyez* Cendres.)							
Poterie de terre et de grès. — Creusets	La valeur.	1 p.	o/o.	2 p.	o/o.	1 p.	
— Plaques de terre cuites, jusqu'à 244 pouces de longueur, 11 pouces de largeur, 5 pouces d'épaiss.	1,000 en nomb.	1.	50.	0.	20.	1.	
— au-delà des dimensions ci-dessus	Idem	3.	00.	0.	40.	2.	
— autre — française ou importée de France	La valeur.	15 p.	o/o.	1/2 p.	o/o.	1 p.	
— — d'ailleurs	Idem	6 p.	o/o.	1/2 p.	o/o.	1 p.	
Poudre à poudrer	Les 100 livres.	10.	00.	0.	10.	1.	
Poudre à tirer (1)	Idem	16.	00.	1.	00.	2.	
Produits chimiques non dénommés. — d'origine française ou impo tés de France.		Prohibés.					
— autres	La valeur.	3 p.	o/o.	1 p.	o/o.	1 p.	
Prunes	Les 100 livres.	0.	30.	0.	15.	0.	
Quinquina. — jaune	Idem	1.	00.	0.	50.	1.	
— autre	Idem	2.	00.	1.	00.	2.	
Raisins. — de Corinthe	Idem	1.	00.	0.	50.	0.	
— Verjus	Idem	0.	25.	0.	10.	0.	
— autres	Idem	0.	40.	0.	20.	0.	
Réglisse. — Racine de. — de Baïonne	Idem	0.	40.	0.	20.	0.	
— — d'Espagne	Idem	0.	20.	0.	10.	0.	
— Jus de	Idem	1.	00.	0.	50.	1.	
Résineux non dénommés	Idem	0.	40.	0.	10.	0.	
Rhubarbe	Idem	5.	00.	2.	50.	5.	
Riz	Idem	0.	30.	0.	20.	0.	
Rocou	Idem	2.	00.	4.	00.	1.	
Roseaux	La valeur.	3 p.	o/o.	1 p.	o/o.	1 p.	
Rotins	Les 100 livres.	0.	40.	0.	25.	0.	
Rubans de toute espèce	La valeur.	6 p.	o/o.	1/2 p.	o/o.	1 p.	
Safran	La livre.	0.	25	0.	10.	0.	
Safre	Les 100 livres.	2.	00	2.	00.	1.	
Sagou (*ou* terre du Japon)	Idem	0.	50.	0.	30.	0.	
Salep	Idem	2.	00.	0.	50.	2.	
Salpêtre. — brut	Idem	2.	00.	0.	50.	2.	
— raffiné	Idem	1.	50.	0.	50.	1.	
Salsepareille	Idem	2.	00.	0.	50.	2.	
Sang-dragon	Idem	4.	00.	1.	00.	2.	
Sassafras. (*Voyez* Bois.)							
Saumure (*non compris un droit droit d'accise de 5 fl. par baril*)	Le baril.	0.	10.	0.	10.	Proh...	
Savon. — blanc ou marbré et savonnettes	Les 100 livres.	6.	00.	0.	50.	1.	
— noir et vert	Idem	6.	00.	0.	25.	1.	
— parfumé	Idem	10.	00.	0.	50.	1.	

(1) Toute importation de poudre à tirer, par terre et le long des petites rivières, est prohibée. L'importation par les rivières ne peut se faire que par le Rhi[n], Meuse et l'Escaut, et par des navires dits *reurischepen*, reconnus comme tels.

L'exportation ne peut avoir lieu qu'en vertu d'une permission spéciale.

MARCHANDISES	UNITÉS TAXÉES.	DROITS D'ENTRÉE.	DE SORTIE.	DE TRANSIT.
		flor. c.	flor. c.	flor. c.
Sel (1) — brut, par les frontières maritimes — par navires nationaux	Les 100 livres	Exempt.	0. 05.	Prohibé.
par navires étrangers	Idem	2. 00.	0. 05.	Idem.
par les frontières de terre	Idem	2. 00.	Prohibé.	Idem.
raffiné	Idem	16. 00.	Exempt.	Idem.
Séné	Idem	2. 00.	1. 00.	2. 00.
Sirops non dénommés	Les 100 livres	Prohibés.	0. 10.	Prohibés.
Smalt [blaauwse]	Idem	0. 60.	0. 30.	0. 60.
Soie — écrue	Idem	2. 00.	10. 00.	3. 00.
moulinée	Idem	20. 00.	10. 00.	4. 00.
à coudre ou à broder	Idem	40. 00.	10. 00.	4. 00.
Bourre de) non filée	La valeur	1 p. o/o.	2 p. o/o.	1 p. o/o.
filée [fleuret]	Les 100 livres	15. 00.	10. 00.	2. 00.
Soies de porc	Idem	2. 00.	1. 50.	1. 50.
Soja	La livre	3 p. o/o.	2 p. o/o.	1 p. o/o.
Soude	Les 100 livres	0. 40.	0. 10.	0. 40.
Soufre — brut	Idem	0. 20.	0. 20.	0. 20.
épuré	Idem	1. 20.	0. 10.	0. 60.
sublimé, en poudre	Idem	1. 50.	0. 15.	0. 90.
Sucre (2) — brut, tête et terré, par navires nationaux	Idem	0. 10.	1. 00.	1. 00.
par navires étrangers	Idem	0. 80.	1. 00.	1. 50.
raffiné et mélangé avec du sucre brut	Idem	36. 00.	0. 05.	2. 00.
Sirop de	Idem	Prohibé.	0. 10.	Prohibé.
Suif	Idem	0. 80.	0. 30.	0. 60.
Sumac	Idem	0. 20.	0. 10.	0. 20.
Tabac — en feuilles — indigène	Idem	"	0. 10.	"
d'Ukraine et autres pays d'Europe	Idem	0. 65.	0. 20.	0. 20.
du Brésil	Idem	0. 50.	0. 10.	0. 50.
de Varinas	Idem	6. 00.	1. 00.	5. 00.
des États-Unis, de Maryland	Idem	0. 80.	0. 10.	0. 80.
autre	Idem	0. 70.	0. 10.	0. 65.
de Porto-Rico, Saint-Domingue, la Havane	Idem	1. 00.	1. 40.	1. 30.
d'Orénoque	Idem	2. 50.	2. 00.	2. 00.
des Indes orientales	Idem	0. 30.	0. 10.	0. 20.
en rouleaux — du Brésil. (*Comme* en feuilles.) de Varinas. (*Idem.*) autre	Idem	11. 00.	3. 60.	5. 00.
en côtes — aplaties	Idem	1. 50.	0. 10.	0. 50.
autres	Idem	0. 80.	0. 20.	0. 40.
en cigarres — importé des ports hors d'Europe	Idem	12. 00.	0. 20.	4. 00.
idem des ports d'Europe	Idem	24. 00.	0. 20.	8. 00.
haché, en carottes, en poudre, et autre ouvré	Idem	12. 00.	0. 20.	4. 00.
Tableaux	"	Exempts.		
Tapis et tapisseries	La valeur	10 p. o/o.	1/2 p. o/o.	1 p. o/o.
Tartre de vin	Les 100 livres	0. 50.	0. 30.	0. 50.
Teintures non dénommées	La valeur	1 p. o/o.	1/2 p. o/o.	1 p. o/o.
Térébenthine — de Venise	Les 100 livres	0. 80.	0. 40.	0. 80.
autre	Idem	0. 30.	0. 15.	0. 30.

(1) La sortie par mer, avec décharge de l'accise, qui est de 6 fl. par 100 livres, ne peut se faire qu'en vertu d'une permission spéciale de l'administration.

(2) Le sucre paie de plus un droit d'accise de 9 fl. par 100 livres.

MARCHANDISES.	UNITÉS TAXÉES.	DROITS D'ENTRÉE. flor. c.	DE SORTIE. flor. c.	DE TRANSIT. flor.
Terres — de Cologne	Les 100 livres.	0. 5.	0. 5.	0.
Terres — Craie rouge	Idem.	0. 10.	0. 5.	0.
Terres — à faïence, à porcelaine, à potier, à pipes et à foulon	La valeur.	1/2 p. o/o.	1 p. o/o.	1 p. o/[o]
Thé — importé directement, en chargement complet, de la Chine ou des possessions hollandaises dans les Indes orientales, pour compte des nationaux et par navires nationaux. — Bou et Congo gros.	Les 100 livres.	7. 00.	0. 35.	Prohib[é]
Thé — importé directement… — autre	Idem.	12. 00.	0. 35.	Idem
Thé — d'ailleurs, par navires étrangers. — Bou et Congo gros.	Idem.	18. 00.	0. 35.	Idem
Thé — d'ailleurs, par navires étrangers. — autre	Idem.	24. 00.	0. 35.	Idem
Tissus — de coton — Nanquin, étroit	La pièce.	0. 5.	0. 1.	0.
Tissus — de coton — Nanquin, large	Idem.	0. 10.	0. 2.	0.
Tissus — de coton — Toiles, blanches	Les 100 livres.	60. 00.	0. 35.	3.
Tissus — de coton — Toiles, imprimées ou teintes	Idem.	70. 00.	0. 35.	3.
Tissus — de coton — Toiles, à carreaux	Idem.	120. 00.	6. 00.	12.
Tissus — de coton — autres	Idem.	120. 00.	6. 00.	12.
Tissus — de crin	Idem.	34. 00.	Exempts.	5.
Tissus — de laine — Draps, d'origine française et importés de France.	"		Prohibés.	
Tissus — de laine — Draps, d'ailleurs, valant jusqu'à 4 fl. l'aune	Les 100 livres.	40. 00.	Exempts.	5.
Tissus — de laine — Draps, d'ailleurs, valant de 4 à 8 fl. idem	Idem.	70. 00.	Idem.	5.
Tissus — de laine — Draps, d'ailleurs, valant de 8 à 12 fl. idem	Idem.	100. 00.	Idem.	5.
Tissus — de laine — Draps, d'ailleurs, valant de 12 à 16 fl. idem	Idem.	120. 00.	Idem.	5.
Tissus — de laine — Draps, d'ailleurs, valant plus de 16 fl. idem	Idem.	150. 00.	Idem.	5.
Tissus — de laine — Casimirs, d'origine française ou importés de France.	"		Prohibés.	
Tissus — de laine — Casimirs, d'ailleurs, valant jusqu'à 2 fl. l'aune	Les 100 livres.	40. 00.	Exempts.	5.
Tissus — de laine — Casimirs, d'ailleurs, valant de 2 à 4 fl. idem	Idem.	70. 00.	Idem.	5.
Tissus — de laine — Casimirs, d'ailleurs, valant de 4 à 6 fl. idem	Idem.	100. 00.	Idem.	5.
Tissus — de laine — Casimirs, d'ailleurs, valant de 6 à 8 fl. idem	Idem.	120. 00.	Idem.	5.
Tissus — de laine — Casimirs, d'ailleurs, plus de 8 fl. idem	Idem.	150. 00.	Idem.	5.
Tissus — de laine — autres	Idem.	34. 00.	Idem.	5.
Tissus — de lin et de chanvre — Batiste	La livre.	4. 00.	Exempte.	0.
Tissus — de lin et de chanvre — Toile de Cambrai	Idem.	1. 50.	Idem.	0.
Tissus — de lin et de chanvre — Coutil	La valeur.	6 p. o/o.	1/2 p. o/o.	1 p. [o/o]
Tissus — de lin et de chanvre — Nappes et serviettes en pièces, écrues	Idem.	2 p. o/o.	Exemptes.	1 p.
Tissus — de lin et de chanvre — Nappes et serviettes en pièces, blanchies et damassées	Idem.	3 p. o/o.	Idem.	1 p.
Tissus — de lin et de chanvre — Toile, à voiles	Le rouleau.	0. 50.	Idem.	0.
Tissus — de lin et de chanvre — Toile, cirée	La valeur.	6 p. o/o.	1/2 p. o/o.	1 p.
Tissus — de lin et de chanvre — Toile, non dénommée, écrue ou blanchie	Idem.	1 p. o/o.	Exempte.	1/2 p.
Tissus — de lin et de chanvre — Toile, non dénommée, teinte	Idem.	3 p. o/o.	Idem.	1 p.
Tissus — de lin et de chanvre — autres articles	Idem.	6 p. o/o.	1/2 p. o/o.	1 p.
Tissus — de poil	Les 100 livres.	34. 00.	Exempts.	5.
Tissus — de soie — des Indes orientales	La valeur.	6 p. o/o.	1/2 p. o/o.	1/5 p.
Tissus — de soie — d'ailleurs non dénommés	La livre.	4. 00.	0. 35.	0.
Tourbe	Le double baril.	0. 05.	0. 05.	0.
Tournesol	Les 100 livres.	3. 00.	0. 25.	1.
Tourteaux de chenevis et de lin (1)	Idem.	0. 10.	1. 00.	0.
Tuiles et pannes	1,000 en nom.	2. 00.	0. 25.	1.
Tulle	La valeur.	6 p. o/o.	Exempt.	1 p.
Vanille	La livre.	1. 00.	0. 10.	0.
Vannerie	La valeur.	6 p. o/o.	1/2 p. o/o.	1 p.

(1) Il est réservé au Roi de permettre la sortie des tourteaux par *Hellevoeti-Luis* et autres bureaux situés plus au nord du royaume, moyennant un droit de 40 cents les 100 livres.)

MARCHANDISES.	UNITÉS TAXÉES.	DROITS		
		D'ENTRÉE.	DE SORTIE.	DE TRANSIT.
		flor. c.	flor. c.	flor. c.
Verjus	Le baril	0. 50.	0. 50.	0. 50.
Vermicelle. (*Voyez* Farine.)				
Vermillon	Les 100 livres	6. 00.	2. 00.	1. 80.
Verres et verrerie. — importés par le Rhin	La valeur	4 p. o/o.	1/2 p. o/o.	1 p. o/o.
importés par autre voie. — d'origine française ou importés de France (*autres que* Glaces *et* Miroirs)	*n*		Prohibés.	
d'ailleurs, de toute sorte	La valeur	6 p. o/o.	1/2 p. o/o.	1 p. o/o.
cassés ou groisil	Le baril	0. 05.	Prohibés.	
Vert. — de Frise, de Brunswick, verdet, vert de gris	Les 100 livres	3. 00.	1. 00.	1. 50.
de Brême	Idem	5. 00.	1. 50.	2. 50.
Viande. — salée de toute espèce, en tonneaux	Idem	8. 00.	0. 30.	1. 50.
fumée. — Cimiers de bœuf	Idem	16. 00.	0. 30.	1. 50.
Côtes de bœuf	Idem	20. 00.	0. 30.	1. 50.
Jambons	Idem	12. 00.	0. 30.	1. 50.
autre non dénommée	Idem	15. 00.	0. 30.	1. 50.
Vin (1). — en barils	Le baril	0. 10.	1. 00	1. 00.
en bouteilles de 116 ou plus au baril	Les 100 bout.	5. 00.	0. 50.	1. 50.
plus. (*Droit d'accise*)	Le baril	9. 00.	*n*	*n*
Vinaigre (2). — de vin, de bierre et vinaigre artificiel. — en barils	Idem	7. 50.	0. 05.	1. 50.
en bouteilles de 116 ou plus au baril	Les 100 bout.	10. 50.	0. 05.	1. 50.
en cruches à eau de Selters	Les 100 cruches	15. 00.	0. 08.	2. 25.
de bois. — en barils	Le baril	50. 00.	0. 50.	1. 50.
en bouteilles de 116 ou plus au baril	Les 100 bout.	53. 00.	0. 50.	1. 50.
Voitures	La valeur	6 p. o/o.	1/2 p. o/o.	1 p. o/o.
Zinc. — Toutenague	Les 100 livres	2. 00.	0. 25.	1. 00.
laminé	Idem	2. 50.	0. 10.	1. 50.
Marchandises non dénommées	La valeur	2 p. o/o.	1 p. o/o.	1 p. o/o.

(1) Les vins d'origine française ne peuvent être importés que par mer.
(2) Les vinaigres d'origine française ne peuvent être importés que par mer.

SECOND SUPPLÉMENT

U TARIF DES DOUANES DES PAYS-BAS.

Droits établis par la loi du 31 Mars 1828.

MARCHANDISES.	UNITÉS TAXÉES.	DROITS		
		d'entrée.	de sortie.	de transit.
		flor. c.	flor. c.	flor. c.
GIES de blanc de baleine. (Comme BOUGIES.)				
RS. (Voir ci-après PEAUX.)				
TELLES	La valeur.	10 p. o/o.	Exemptes.	1 p. o/o.
DE FONTE, en gueuses de toute forme, et tel u'il sort des hauts fourneaux	Les 100 livres.	0. 25.	0. 25.	0. 20.
BLANC ouvré. (Comme FER OUVRÉ.)				
UX { de loutre, apprêtées. (Comme PELLE-TERIES.)				
UX { autres { sèches	Idem.	0. 25.	1. 75.	1. 00.
UX { autres { tannées	Idem.	15. 00.	0. 10.	1. 50.
MB brut, en blocs ou saumons, et vieux	Idem.	0. 25.	0. 10.	0. 25.
SUS { de coton (Toiles et étoffes de), sans distinction de noms et d'espèces (1) . . . . { blancs . . .	Idem.	85. 00.	0. 35.	3. 50.
SUS { de coton (Toiles et étoffes de), sans distinction de noms et d'espèces (1) . . . . { imprimés ou teints.	Idem.	100. 00.	0. 35.	3. 50.
SUS { de laine, mélangés de soie, de poil de chèvre ou de fil de Turquie	Idem.	90. 00.	1. 50.	3. 00.

1) Les étoffes mélangées sont classées dans la catégorie des espèces auxquelles appartient la matière ncipale dont se compose ordinairement la trame.

Afin de prévenir toute erreur, il est entendu que la présente loi n'apporte aucune modification aux its établis par le tarif du 26 août 1822 et les lois subséquentes pour les articles suivans, savoir :

Tissus et étoffes de laine, de soie; draps et casimirs; bas, bonnets, mitaines, gants, &c.; habillemens fs à l'usage d'homme et de femme; passementerie; tapis; étoffes de soie venant du Bengale ou autres droits des grandes Indes; toiles et toiles à carreaux, de chanvre, de lin et d'étoupe, écrues, blanchies teintes, pour nappes, serviettes écrues, blanchies ou damassées; toiles de Cambrai; batistes; toiles oiles; coutils; nankins larges et étroits; toile cirée.

Les tissus, toiles et étoffes qu'on ne pourrait classer dans une des catégories énoncées, seront soumis n droit de 6 p. o/o à l'entrée, de demi p. o/o à la sortie, et de 1 p. o/o au transit.

MARCHANDISES.	UNITÉS TAXÉES.	DROITS		
		d'entrée.	de sortie.	de transit.
		flor. c.	flor. c.	flor. c.
Tulle........................	La valeur.	10 p. o/o.	Exempt.	1 p. o/o.
Vins importés par terre (1)... { en bouteille.......	Les 100 bout.	8. 00.	0. 50.	1. 50.
en futaille........	La futaille.	3. 10.	1. 00.	1. 00.

(1) Par suite de cette disposition, la prohibition à l'entrée par les frontières de terre, établie par la loi du 8 janvier 1824 (Journal officiel, N.° 4), est révoquée.

TROISIÈME SUPPLÉMENT

AU

TARIF DES DOUANES DES PAYS-BAS.

ta. Le présent tableau indique les différences existant entre la publication, avec ses supplémens,
par le Bureau de commerce et une nouvelle édition officielle du Tarif néerlandais imprimée, cette
, à La Haye.

uelques-unes de ces différences portent seulement sur la rédaction; le plus grand nombre concerne les
, mais principalement ceux de transit.

utefois on a, pour les articles auxquels s'applique l'une ou l'autre de ces différences, reproduit avec les
modifiés ceux qui n'ont subi aucun changement, afin d'éviter la peine de recourir, à l'égard de ces
s articles, au corps du Tarif.

MARCHANDISES.	UNITÉS TAXÉES.	DROITS		
		D'ENTRÉE.	DE SORTIE.	DE TRANSIT.
		fl. c.	fl. c.	fl. c.
IDES. — Les droits indiqués précédemment ne s'appliquent qu'à l'acide muriatique. Pour les acides nitrique et vitriolique, voir, dans le tarif, *Eau forte*, et ci-après, *Huile de vitriol*.				
ARIC	Les 100 livres.	1. 00.	0. 50.	1. 00.
IES de genièvre	*Idem.*	0. 50.	0. 20.	0. 40.
IS — Cercles et cerceaux. d'osier rouge, de 22 à 26 palmes 7 pouces de long	La valeur.	6 p. o/o.	Prohibés.	6 p. o/o.
de saule	*Idem.*	Prohibés.	1/2 p. o/o.	1/2 p. o/o.
Feuillard préparé en tout ou en partie, en cerceaux, échalas, gaules, perches, &c.	*Idem.*	6 p. o/o.	Prohibé.	6 p. o/o.
Merrain, pour barrils à harengs	*Idem.*	Prohibé.	//	1 p. o/o.
Saule, pour cerceaux	*Idem.*	*Idem.*	//	1 p. o/o.
de teinture, moulus	Les 100 livres.	*Idem.*	0. 50.	0. 50.
ACAO (Pellicules de)	*Idem.*	0. 30.	0. 15.	0. 30.
ALAMINE	*Idem.*	0. 50.	0. 20.	0. 50.
ARDES de fil d'archal	La valeur.	10 p. o/o.	1/2 p. o/o.	1 p. o/o.
ENDRES de savonnerie et de saline	*Idem.*	1/2 p. o/o.	Prohibées.	1/2 p. o/o.
ORDAGES vieux et usés, ne pouvant plus servir à la navigation, ainsi que ceux coupés en pièce ou réduits en filasse	Les 100 livres.	0. 05.	Prohibés.	0. 05.
OUPEROSE blanche	*Idem.*	0. 60.	0. 30.	0. 30.
bleue	*Idem.*	1. 00.	0. 50.	0. 50.
UIVRE en flan, pour les monnaies	La valeur.	Prohibé.	1/2 p. o/o.	1/2 p. o/o.

MARCHANDISES.	UNITÉS TAXÉES.	DROITS D'ENTRÉE.	DE SORTIE.	DE TR…
		fl. c.	fl. c.	
Cumin.................................	Les 100 livres.	0. 50.	0. 30.	0.
Curcuma... { moulu....................	Idem.	1. 50.	0. 30.	1.
{ non moulu.................	Idem.	1. 00.	0. 30.	0.
Drilles et chiffons.................	Idem.	0. 05.	Prohibés.	0.
Engrais, autres que cendres de foyer..................	La valeur.	Exempts.	Idem.	1 p.
Fer...... { minérai...................	Idem.	1/2 p. o/o.	Prohibé.	1/2 p.
{ Fonte.....................	Les 100 livres.	0. 25.	1. 00.	0.
{ vieux, ou ferraille.........	La valeur.	Prohibé.	3 p. o/o.	3 p.
Fil........ { à dentelles... { dit *de France.* { blanc et tors.....	Idem.	5 p. o/o.	Exempt.	1 p.
{ { { écru ou non tors.	Idem.	Exempt.	5 p. o/o.	1 p.
{ { autre, simple, ou non tors......	Idem.	1/2 p. o/o.	5 p. o/o.	1 p.
{ à filets, pour harengs.............	Idem.	1/2 p. c/o.	Prohibé.	1/2 p.
Filets pour pêche, vieux et usés..................	Les 100 livres.	0. 05.	Idem.	0.
Futailles { neuves et vides, de toute espèce.............	La valeur.	Prohibées.	1/2 p. o/o.	1/2 p.
{ Barils à harengs, vides.................	Idem.	Idem.	//	1 p.
Garance.... { Racines vertes ou séchées et broyées ailleurs que dans les fours à garance.................	Idem.	1/2 p. o/o.	Prohibées.	1 p.
Nota. Dans le premier supplément, au lieu de Garance sans distinction, lisez *en poudre, commune et mule.*				
Gaude.................................	Les 100 livres.	0. 50.	0. 50.	0.
Girofle (Clous et antoffles de), autres que de Batavia, importés directement.................	La valeur.	3 p. o/o.	1/2 p. o/o.	1 p.
Gomme .... { Galbanum.................	Les 100 livres.			
{ Gutte....................		3. 00.	1. 50.	2.
{ Olibanum.................	Idem.	1. 00.	0. 50.	0.
Gravures.................................	La valeur.	1 p. o/o.	1/2 p. o/o.	1 p.
Horloges et Pendules.................	Idem.	6 p. o/o.	1/2 p. o/o.	1 p.
Huile ...... { de poisson... { (de foie de).............	Le baril.	0. 25.	0. 10.	0.
{ { autre, de pêche nationale, y compris la pêche du détroit de Davis.................	Idem.	Exempte.	0. 25.	//
{ de vitriol... { d'origine française ou importée de France.................	//	Prohibée.	//	//
{ { autre, ...	Les 100 livres.	1. 20.	0. 05.	0.
Joncs. (Comme Roseaux.)				
Mélasse... { brute, importée d'ailleurs que des pays hors d'Europe, et par navires nationaux.............	La valeur.	Prohibée.	//	1 p.
{ épurée.........................	Idem.	Idem.	//	1 p.
Oreillons à fabriquer la colle-forte.................	Idem.	1/2 p. o/o.	Prohibés.	1/2 p.

MARCHANDISES.	UNITÉS TAXÉES.	DROITS		
		D'ENTRÉE.	DE SORTIE.	DE TRANSIT.
		fl. c.	fl. c.	fl. c.
Os de bœuf, de vache et d'autres animaux..................	La valeur.	1/2 p. o/o.	Prohibés.	1/2 p. o/o.
PAPIER..... { portant les noms ou les marques caractéristiques des papeteries du royaume des Pays-Bas.....	Idem.	Prohibé.	"	1/2 p. o/o.
PAPIER..... { vieux, et rognures........................	Les 100 livres.	o. o5.	Prohibé.	o. o5.
PARCHEMIN (Rognures de)...................	La valeur.	1/2 p. o/o.	Idem.	o. o5.
PEAUX..... { brutes...... { de veau	Idem.	1 p. o/o.	6 p. o/o.	1 p. o/o.
PEAUX..... { brutes...... { autres que celles reprises au tarif (comme articles non dénommés).				
PEAUX..... { apprêtées, de toute sorte, non dénommées.....	Les 100 livres.	15. oo.	o. 30.	1. 5o.
PEAUX..... { (Rognures de)......................	La valeur.	1/2 p. o/o.	Prohibées.	1/2 p. o/o.
PIERRES. — Marne ou pierres à chaux blanches ou bleues.....	Idem.	1/2 p. o/o.	Idem.	1/2 p. o/o.
PIPES de terre, à fumer...........................	Les 20 grosses.	Prohibées.	o. o5.	o. o5.
PLANTS d'arbres	La valeur.	2 p. o/o.	1/2 p. o/o.	1 p. o/o.
POISSON.... { Harengs.... { frais, caqués, salés, de pêche étrangère	Idem.	Prohibés.	"	1 p. o/o.
POISSON.... { Harengs.... { secs et fumés	Le last de 10000	Idem.	o. 5o.	o. 5o.
POISSON.... { Morue d'Ostfrise......................	Le tonneau.	1. 5o.	"	1. 5o.
PORCELAINE { française ou importée de France............	Les 100 livres.	30. oo.	o. 5o.	1. oo.
PORCELAINE { autre............................	Idem.	10. oo.	o. 5o.	1. oo.
POTERIE de terre et de grès. — Plaques de terre cuite : au lieu de *244 pouces de long et 11 pouces de largeur*, lisez *24 pouces 1/2 de longueur et 11 pouces 3/4 de largeur.*				
PRODUITS CHIMIQUES non dénommés...................	La valeur.	3 p. o/o.	1 p. o/o.	1 p. o/o.
SALPÊTRE... { brut............................	Les 100 livres.	1. oo.	o. 5o.	1. oo.
SALPÊTRE... { raffiné............................	Idem.	1. 5o.	o. 20.	1. 5o.
SAUMURE.............................	Le baril.	o. 10.	o. 10.	o. 10.
SEL........ { brut........ { par les frontières maritimes... { par navires nationaux.....	Les 100 livres.	Exempt.	o. o5.	o. o5.
SEL........ { brut........ { par les frontières maritimes... { par navires étrangers....	Idem.	2. oo.	o. o5.	2. oo.
SEL........ { brut........ { par les frontières de terre......	Idem.	2. oo.	Prohibé.	2. oo.
SEL........ { raffiné.....	Idem.	16. oo.	Exempt.	16. oo.
TABAC en feuilles, de Porto-Rico, Saint-Domingue, la Havane.	Idem.	1. oo.	o. 40.	1. 30.
VERJUS en bouteille, de 116 ou plus au baril..............	Les 100 bout.	3. 5o.	o. 5o.	o. 5o.
VERRES importés par autre voie que le Rhin, d'origine française ou importés de France.............. { Glaces à miroirs....... { encadrées (comme *Meubles*). autres........	La valeur.	6 p. o/o.	1/2 p. o/o.	1 p. o/o.
VERRES ... { autres..................	"	Prohibés.	"	Prohibés.

$$(4)$$

TARES SPÉCIALES POUR QUELQUES ARTICLES.

FAÏENCE. — Par 100 livres poids brut.. 15 livres.

INDIGO en {
caisses; par 100 livres.. 25 livres.
surons; par 100 livres.. 15 livres.

SUCRE en

caisses ..... { de la Havane; par 100 livres.................... 18 livres.
autre; par 100 livres. .... 20 livres.

canasters; par 100 livres.. 10 livres.

emballages en cuir, nattes, paniers, toile et autres; par 100 livres... 8 livres.

futailles; par 100 livres.. 15 livres.

Nota. Pour le sucre raffiné à l'intérieur et exporté, la tare est de 12 p. o/o de tout baril de bois, sans distinction, et de 8 p. o/o de tout autre emballage; sauf la faculté de faire constater séparément la tare des barils ou emballages : dans ce dernier cas, la tare, pour les pains enveloppés de papier et de corde, est de 2 1/2 p. o/o.

Quant au sucre candi, le poids net en doit être déclaré, et le poids de la caisse doit être apposé sur chaque caisse en particulier.

VIF-ARGENT. — La tare, pour les cruches en fer, sera fixée par l'employé supérieur du lieu.

A PARIS, DE L'IMPRIMERIE ROYALE. — Octobre 1828.

QUATRIÈME SUPPLÉMENT

AU

TARIF DES DOUANES DES PAYS-BAS,

Droits établis par la loi du 24 Décembre 1828.

	UNITÉS TAXÉES.	DROITS D'ENTRÉE.	DE SORTIE.	DE TRANSIT.
Bois autres que communs, de teinture, moulus..........................	100 livres.	//	Exempts.	//
Habillemens, sarraux de toile de lin	La valeur.	10 p. o/o.	*Idem.*	1 p. o/o.
Lin brut, y compris le déchet dit *snuit*...	100 livres.	//	o^f 30^c	//
Livres imprimés dans les Pays-Bas et sur papier indigène.....................	*Idem.*	//	Exempts.	//
Peaux (Rognures de).................	//	//	(1)	//
Tourteaux de navette, de chenevis et de lin	100 livres.	o^f 50^c	(2)	//

(1) Il est réservé au Roi de permettre la sortie des rognures de cuir, par certains bureaux, sans paiement de droit.

(2) Il est réservé au Roi de permettre la sortie des tourteaux, par Hellevoestluis et autres bureaux situés plus au nord du royaume, moyennant un droit de 5 cents les 100 livres, et de diminuer les droits d'entrée sur cet article, jusqu'au même taux, si les intérêts de l'agriculture venaient à l'exiger.